위대한 고구려 장군이 나가신다!

재미만만 한국사 4
위대한 고구려 장군이 나가신다!

초판 1쇄 발행 2020년 8월 24일 | 초판 15쇄 발행 2024년 7월 3일
글 송아주 | 그림 신병근 | 감수 하일식
발행인 이봉주 | 편집장 안경숙 | 기획 안경숙, 구름돌 | 편집 및 디자인 구름돌
디자인 포맷 구름돌, 민트플라츠 송지연 | 마케팅 정지운, 박현아, 원숙영, 김지윤, 황지영 | 제작 신홍섭

펴낸곳 (주)웅진씽크빅 | 주소 경기도 파주시 회동길 20 (우)10881
문의전화 031)956-7440(편집), 031)956-7569, 7570(마케팅)
홈페이지 www.wjjunior.co.kr 블로그 blog.naver.com/wj_junior
페이스북 facebook.com/wjbook | 트위터 @new_wjjr | 인스타그램 @woongjin_junior
출판신고 1980년 3월 29일 제406-2007-00046호 | 제조국 대한민국 | 사용 연령 7세 이상

글 ⓒ 송아주, 2020 | 그림 ⓒ 신병근, 2020
저작권자와 맺은 특약에 따라 검인을 생략합니다.

웅진주니어는 (주)웅진씽크빅의 유아·아동·청소년 도서 브랜드입니다.
이 책은 저작권법에 의해 한국 내에서 보호를 받는 저작물이므로 무단전재와 복제를 금하며,
이 책 내용의 전부 또는 일부를 이용하려면 반드시 저작권자와 (주)웅진씽크빅의 서면 동의를 받아야 합니다.

ISBN 978-89-01-24407-5 · 978-89-01-24403-7(세트)

잘못 만들어진 책은 바꾸어 드립니다.
▲주의 1. 책 모서리가 날카로워 다칠 수 있으니 사람을 향해 던지거나 떨어뜨리지 마십시오. 2. 보관 시 직사광선이나 습기 찬 곳은 피해 주십시오.

위대한 고구려 장군이 나가신다!

글 송아주 | 그림 신병근

웅진주니어

재미만만 한국사 고구려 차례

1. 지혜롭게 싸워라! (6~41쪽)

이름: 을지문덕
직업: 장군
특기: 군사 전략 짜기

전쟁 경험이 많은 뛰어난 전략가. 113만 수나라 대군을 맞아서 지혜로운 전략으로 큰 승리를 거둔다.

42~55쪽

특별 살수 대첩 생방송

주연: 고구려 철갑 기병대 총지휘 장군
내용: 을지문덕 장군의 전략대로 수나라군을 살수까지 몰아감.

2. 끝까지 버텨라!
56~87쪽

이름: 양만춘
직업: 성주, 장군
특기: 버티기

특기인 버티기로 당나라의 공격으로부터 안시성을 지킨다. 통솔력이 뛰어나 백성들과 군사들을 한마음으로 똘똘 뭉치게 한다.

3. 절대로 굽히지 마라!
88~113쪽

이름: 연개소문
직업: 장군
특기: 강한 지도력

고구려의 최고 권력가 집안의 아들로, 고구려 대표적 엄친아. 강한 나라 고구려에 대한 자부심이 크다. 또한 그야말로 카리스마 짱!

1 지혜롭게 싸워라!

너희들, 혹시 을지로에 가 봤니?
바다에는 을지문덕이라는 군함도 있던데?
타 본 사람?
이쯤 하면 내가 누군지 눈치챘을 듯한데.
그래, 맞아. 을지문덕!
세계의 중심, 고구려를 지킨 위대한 장군이야.
험험, '위대한'은 후손들이
내게 붙여 준 칭찬이라 말해 보았다.
1,400여 년이 지난 뒤에도
후손들이 쑥쑥 잘 자라고 있으니
감동이다!

고구려의 광개토 대왕과 장수왕은 알고 있지?
두 왕 덕분에 우리 고구려 사람들의
자부심은 하늘을 찔렀어.

북쪽의 드넓은 만주와
남쪽의 비옥한 한강 유역까지
모두 고구려 땅으로 만들었거든.
"대단하다, 고구려! 막강하다, 고구려!
존경한다, 고구려!"
이웃 나라들은 이렇게 우리 고구려를 받들었지.
하지만 중국은 아니었어.
"흥! 그까짓 고구려가 뭐가 대단해?
우리가 통일만 해 봐라.
당장 무릎 꿇게 할 테니!"

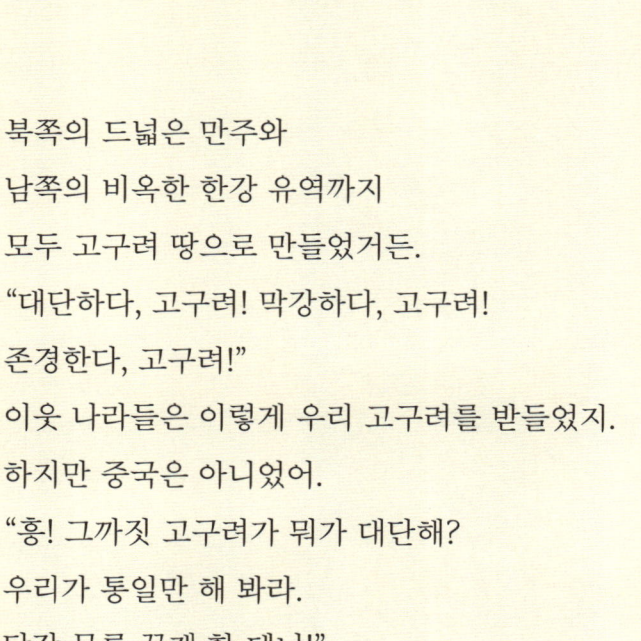

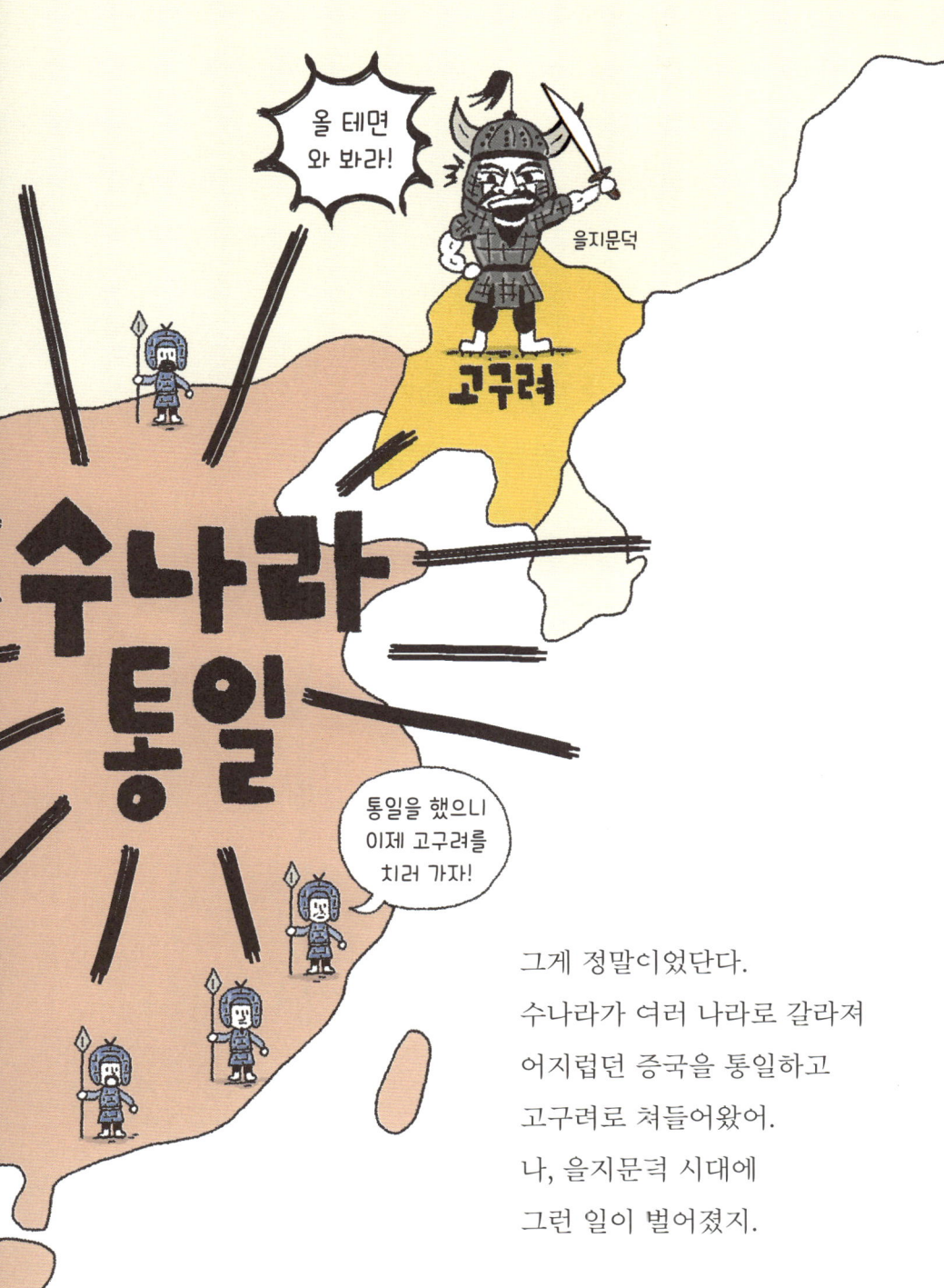

그게 정말이었단다.
수나라가 여러 나라로 갈라져
어지럽던 중국을 통일하고
고구려로 쳐들어왔어.
나, 을지문덕 시대에
그런 일이 벌어졌지.

고구려 평원왕 때였어.
중국으로부터 들려온 소식에
고구려 사람들은 깜짝 놀랐어.
"큰일 났어요! 중국이 통일되었대요!"
"뭐라고요? 여러 나라로 갈라져 싸우고 있지 않았나요?"
"아니에요. 이제 수나라로 통일되었어요."
"통일되어 강한 나라가 되었으니
우리 고구려에 쳐들어오지 않을까요?"

한편 고구려의 왕궁에서
평원왕은 깊은 생각에 잠겼어.
'그동안 중국이 분열되어 있었기에
우리 고구려가 맘 놓고 땅을 넓힐 수 있었는데…….
수나라가 힘이 생겼으니 고구려를 넘볼 수도 있어.'

평원왕은 곧바로 수나라의 침략에 대비하도록 명령했어.

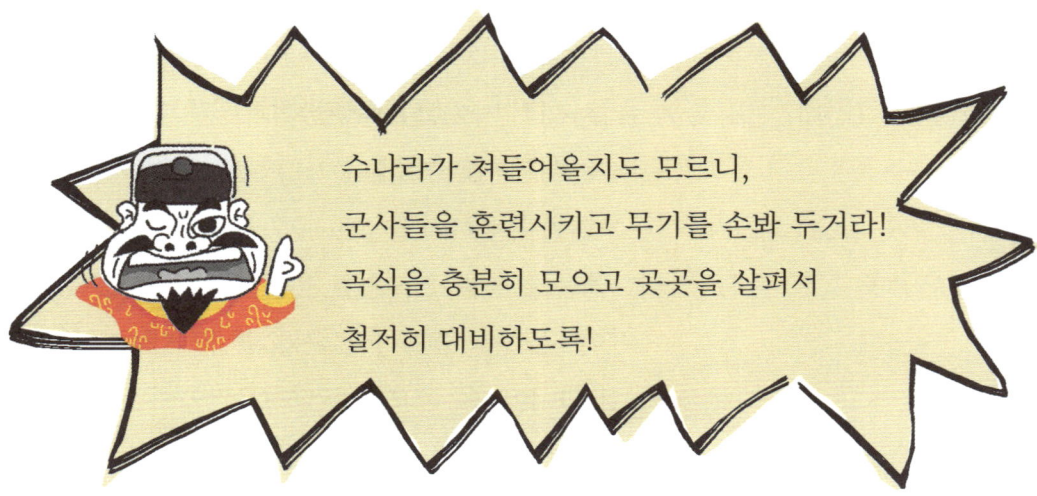

수나라가 쳐들어올지도 모르니,
군사들을 훈련시키고 무기를 손봐 두거라!
곡식을 충분히 모으고 곳곳을 살펴서
철저히 대비하도록!

그 소식을 들은 수나라 황제 문제는 "흥!" 하고 콧방귀를 뀌었지.

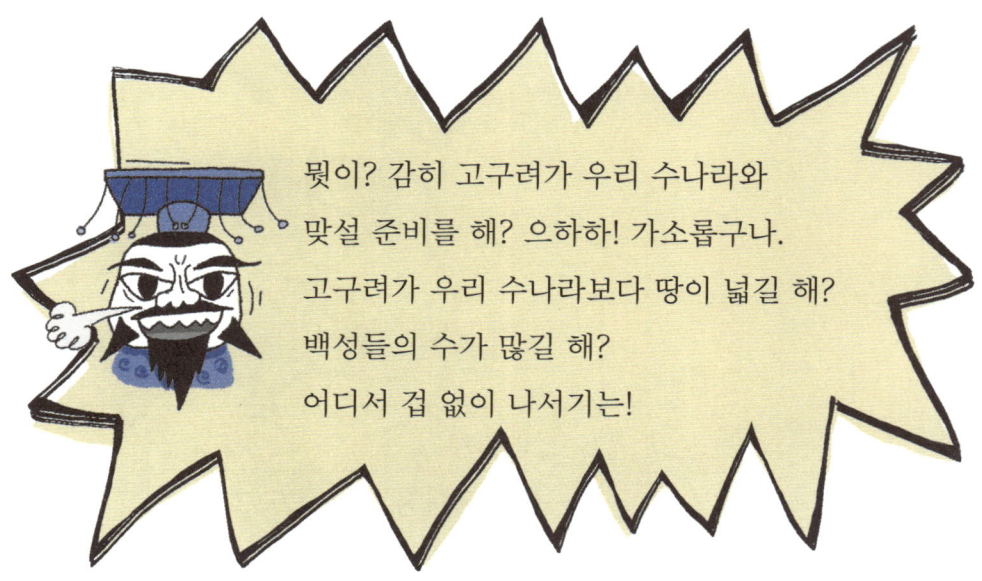

뭣이? 감히 고구려가 우리 수나라와
맞설 준비를 해? 으하하! 가소롭구나.
고구려가 우리 수나라보다 땅이 넓길 해?
백성들의 수가 많길 해?
어디서 겁 없이 나서기는!

그러고는 수 문제가 평원왕에게
이런 편지를 보냈단다.

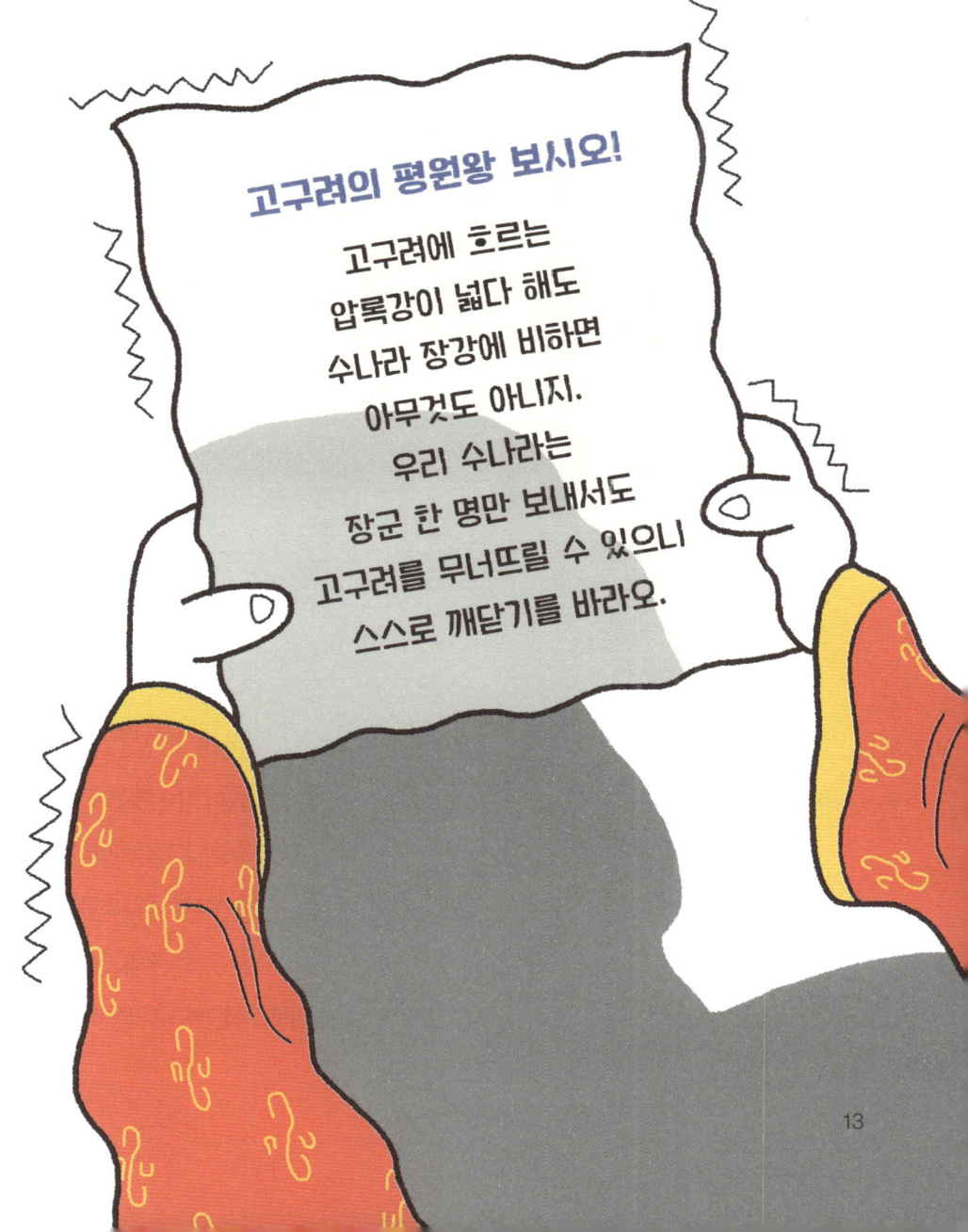

그리고 얼마 뒤, 수 문제의 편지에도 꿋꿋하게
고구려를 지키던 평원왕이 숨을 거두고,
맏아들 영양왕이 왕이 되었어.
겉모습이 늠름하고 성격이 시원시원, 거침없는 왕이었어.
영양왕은 고구려 땅에 살던 말갈 군사 1만 명을 이끌고
수나라를 공격하려고 랴오허강을 건넜어.
그러고는 수나라 땅까지 쳐들어가서 큰 피해를 줬지.

수 문제는 화가 머리 꼭대기까지 치밀었어.
"고구려가 우리 수나라를 먼저 공격해?
자고 있는 범을 건드리다니!
그렇다면 30배로 갚아 주마. 각오해라!"
수 문제는 30만 대군을 보내 고구려를 치라고 명령했어.
하지만 수나라는 제대로 싸워 보지도 못하고 물러나고 말았어.
30만 대군이나 되는데, 지다니?
나는 이 전쟁을 보면서 깨달았지.
'힘만으로 전쟁에서 이길 수 없다.
지혜롭게 싸워야 이긴다.'
수나라는 힘이 세긴 했지만 지혜가 없었단다.

수나라가 왜 졌는지 자세히 알려 줄까?
수나라가 고구려에 쳐들어왔을 때는 6월.
고구려에 도착했을 때
장맛비가 엄청나게 쏟아졌어.
장마철에 남의 나라에 가서 전쟁을 한다고?
지혜가 있었다면 절대 하지 않을 미련한 짓이야.
날은 덥고 비는 억수같이 쏟아졌어.
군사들이 먹을 식량은 죄다 상해 버렸고 말이야.
"웩, 음식 맛이 왜 이러냐?"
"아이고, 배야! 설사가 안 멈춘다."
상한 음식을 먹은 수나라 군사들은
병이 나서 하나둘 쓰러졌어.

수나라군은 요동성 공격을 포기하고,
바닷길을 이용해 평양성을 공격하기로 작전을 바꿨어.
"안 되겠다. 바닷길로 쳐들어가자."
그런데 이번에는 태풍이 사정없이 몰아친 거야.
수나라군 대부분의 배가 박살이 나고 말았지.

힘만으로 밀어붙이던 수나라가
이렇게 우리 고구려에 졌어.

세월이 흘러 수 문제가 죽고
뒤를 이어 아들이 황제가 되었는데…….

큰소리 땅땅 치는 수 양제에게 내가 기죽을 것 같으냐?
우리 고구려에는 영양왕과
나, 을지문덕이 기다리고 있다!

홍, 하나도 안 무섭다.
수 양제, 어서 와 봐라!
군사들의 수만 믿고 덤볐다가
어떻게 되는지 한번 봐라.
우리 고구려 군사들과 지혜를 모아서,
너희 수나라 대군을
무찌르고 말겠다!

오냐,
어디 덤벼라!

사실은 말이지, 수나라는 군사들의 수만 많은 게 아니었어.
우리 고구려가 성을 잘 방어한다는 소식을 듣고
여러 무기를 준비했어.

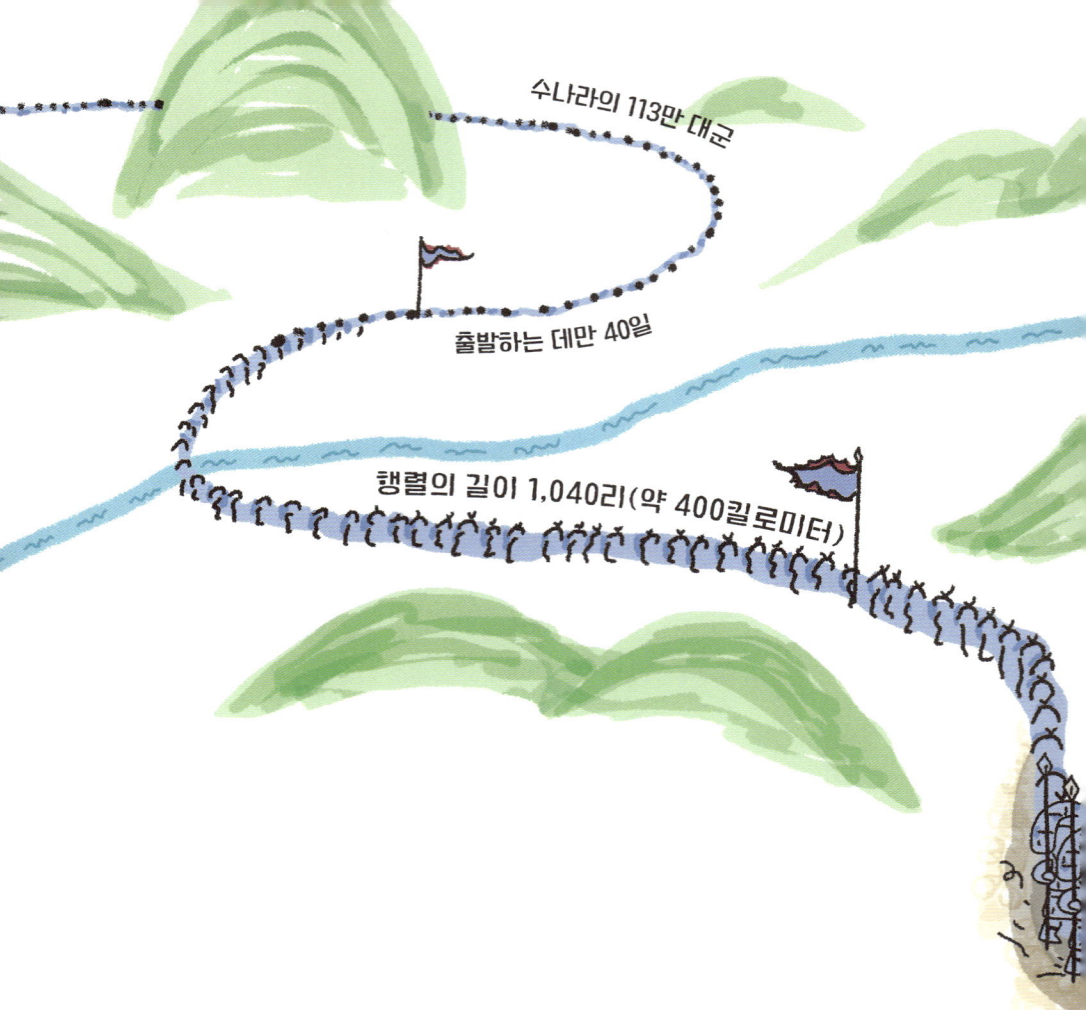

"고구려로 출발이다!"
수 양제는 고구려를 반드시 정복하겠다는 의지를 불태우며
113만 대군을 출정시켰어.
그 어떤 나라도 감당할 수 없을 만큼 어마어마한 대군이었어.
역시 수나라군은 만만찮았어.
랴오허강을 지키던 우리 고구려군이 밀리고 말았지.
수나라군은 랴오허강을 건너 요동성에 도착했어.

수나라군은 준비한 무기를 써서 요동성을 공격했어.
하지만 철벽처럼 단단한 고구려의 요동성 아니겠어!
수나라군은 석 달이 지나도록 요동성을 함락하지 못했어.
"도저히 안 되겠다! 고구려 수도로 바로 쳐들어가자!"
수 양제는 길길이 날뛰며 30만 별동대를 꾸려
평양성을 곧장 공격하라고 명령했지.

수나라는 고구려보다 군사들의 수가 훨씬 많고,
무기도 훨씬 강했어.
그럼 우리 고구려군은?
우리에겐 강인한 정신력 그리고 지혜로운 전략이 있었지.
우리 고구려군은 머리를 맞대고 필승 전략을 세웠어.
무슨 전략이었는지 궁금하다고?

자, 그럼 공개한다.

지혜로운 전략 1
지혜로운 전략 2
지혜로운 전략 3

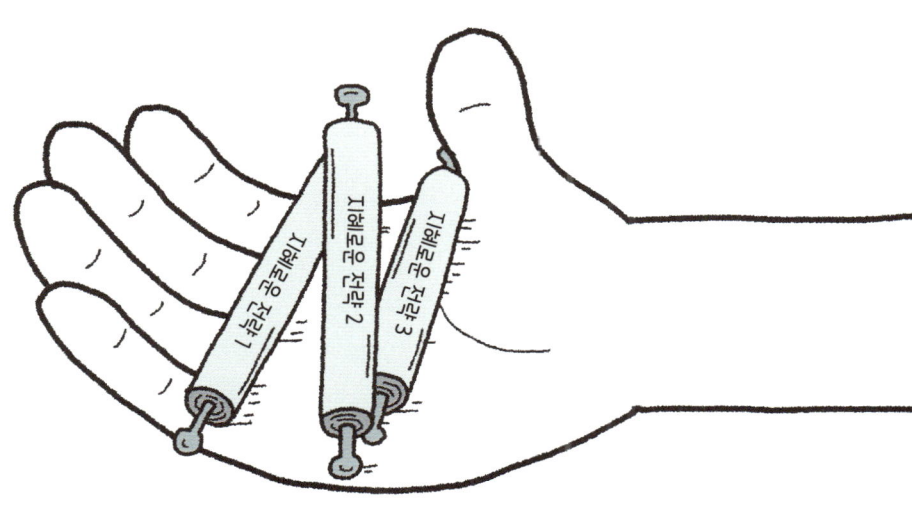

지혜로운 전략 1
적들의 약점을 알아내라!

수나라 별동대가
압록강에 이르러 진을 쳤어.
"그래, 결심했다!"
나, 을지문덕은 적들의 약점을 알아내기 위해
직접 적진에 들어가기로 했어.
목숨을 걸어야 하는 위험한 일이었지만,
내가 누구냐!
우리 고구려의 운명을 걸머진 장군이잖아!
나는 항복 문서를 전달하러 가겠다고 했지.
물론 거짓 항복이니까 걱정 마.
나는 적진으로 들어가
수나라 장군 우중문에게 문서를 전달했어.
그러고는 매의 눈으로
수나라 군사들을 꼼꼼히 살폈어.

적들은 먼 길을 달려오느라 지치고,
무척 굶주려 있었지.

지혜로운 전략 2
적들을 굶주리게 하라!

나는 적진에서 나와
평양성으로 오는 길목에 사는 백성들을
안전한 곳으로 피신시켰어.
그리고 식량이 될 만한 것은 모조리 없앴어.
전쟁에서 가장 중요한 것은 식량 보급이거든.
굶고는 싸울 수 없잖아!
식량과 물이 부족한 수나라군은 마음이 급해질 거야.
그럼 싸움을 빨리 끝내고 싶겠지.
그때 유인하는 거야.

평양성, 아직도 멀었냐해.

지혜로운 전략 3
적들을 고구려 땅 깊숙이 유인하라!

마지막 전략은 바로 적들을
고구려 땅 깊숙이 끌어 들이기!
오랜 행군과 굶주림에 지친 적들.
내 유인 작전에 말려
고구려 땅 깊숙이 들어왔다는 걸
알았을 땐 이미 늦은 거지.
왜냐면 나, 을지문덕의 전략이었으니까.
아니나 다를까,
수나라군은 내 뒤를 급하게 쫓았어.
우리 고구려군은 수나라군과
싸우다 지는 척 뒤로 물러나고,
또 싸우다 지는 척 뒤로 물러났지.
그렇게 고구려 땅 깊숙이
수나라군을 끌어 들였어.

싸움을 걸고
달아나고,

또다시 싸움을 걸고
달아나고,

이렇게 말이야.

어떤 날은 하루에 일곱 번 싸움을 걸어
일곱 번 달아나기도 했어.
평양성으로 오는 동안 수나라군이 지치게 하려고 한 거야.
그러는 사이 수나라군은 평양성에 가까이 다다랐지만
시간은 시간대로 버리고 사기도 바닥에 떨어졌어.
후후, 내 전략에 말려든 거지.

"을지문덕 장군님! 수나라 별동대가
평양성 30여 리 되는 곳까지 왔습니다!"
"드디어 때가 왔구나! 수나라 장군 우중문에게
이걸 전해 주고 오너라."
"네, 장군님!"
나는 수나라 장군 우중문에게 시 한 편을 지어 보냈어.

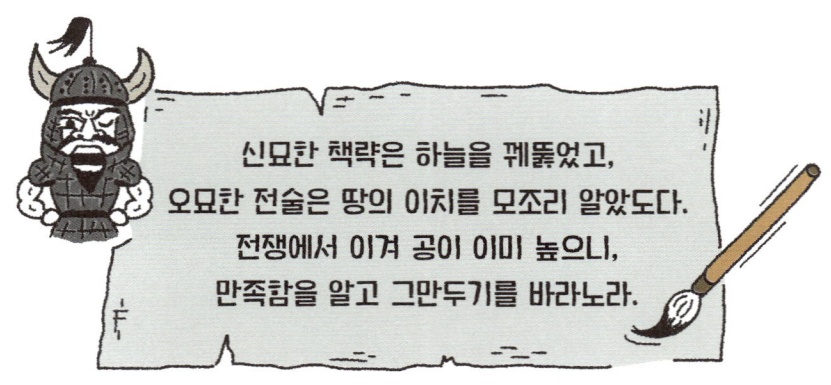

칭찬인 듯하지만, 사실은 빨리 도망가는 게
좋을 거라고 겁주는 거였어.
우중문이 우물쭈물하자 다시 부하를 보내 전했어.
순순히 물러난다면 고구려가 항복할 거라고 말이야.
우중문은 옳다구나 잘됐다 하고 평양성을
뒤로한 채 돌아가기 시작했지.
이것 또한 나의 전략!

드디어 수나라 30만 별동대를 쓸어버릴 때가 왔지!
나는 고구려군을 이끌고 수나라군이 도망가는 길목,
살수에 미리 가서 기다렸단다.

"이제 곧 수나라 별동대가 이곳 살수에 도착할 것이다.
수나라 군사들은 지쳐 있다.
우리 고구려를 짓밟으려 한 수나라 군사들을
한 놈도 살려 보내서는 안 될 터.
고구려 군사들은 단단히 준비하고 있거라!"

마침내 살수에 수나라군이 도착했고,
강을 건너려 할 때 나는 명령을 내렸어.
용맹한 고구려군과
천하무적 철갑 기병 무사들까지 총공격!
"헉, 고구려의 철갑 기병 무사들이다! 잡히면 죽는다!"
허둥지둥 도망가는 수나라군을 철갑 기병대가
살수 쪽으로 몰았어.
힘이 빠진 수나라군은 강에서 허우적거리더니,
싸움이고 뭐고 도망치기 바빴지.
우리 고구려군은 살수에서 살아남은 수나라군을
압록강까지 뒤쫓아 가며 공격했단다.

살수 대첩을 생각하면
지금도 힘이 불끈 솟구치지!
그 뒤로도 수나라는 고구려를 침략했어.
하지만 고구려가 모두 승리했지.
그 때문에 수 양제는 욕을 먹다가 끝내 죽임을 당했어.
전쟁으로 힘이 빠진 수나라는 결국 멸망했단다.

수나라 여기에 잠들다.

하하하, 내 지혜로운 전략을 믿고 따라 준
우리 고구려 군사들에게 고마움을 전한다.
살수 대첩에 감명을 받았다면,
뒤이어 나오는 철갑 기병대 장군의 생방송도
한번 보려무나.

험험, 카메라에 얼굴을
내밀려니 쑥스럽구먼.
살수 대첩의 생생한 현장감을 전하려고
이렇게 카메라 앞에 섰다.
나는 고구려 군대의
철갑 기병대를 총지휘하는 장군이다.
봐라, 우리 철갑 기병은 사람뿐만 아니라
말까지 갑옷으로 완전히 무장했다.
천하무적 철갑 기병대는
고구려 군대의 자랑이다.

612년.
수나라 황제 양제가 113만 대군을 이끌고
우리 고구려에 쳐들어왔다.
고구려 땅을 새까맣게 덮을 만큼 어마어마한 수였어.
겁나냐고? 천만에!
나와 철갑 기병 무사들은
적들이 강하면 강할수록 피가 뜨겁게 끓어올라.
우리는 그 어떤 적이라도 무릎 꿇게 할 자신이 있다!

드디어 오늘 수나라와 마지막 결전의 날!
나는 이때만 기다리고 있었다.
살수에서 우리 고구려군이
수나라군을 완전히 박살 내고 말 거거든.
철갑 기병대뿐만 아니라 고구려군 전체가
실제 전투에서 얼마나 강한지
생생하게 전해 주마!
응원해 줄 거지?

고구려군 VS 수나라군

"철갑 기병대는 수나라군을 살수로 몰아라!"
우리 임무는 후퇴하는 수나라군을 살수로 몰아가는 것.
살수에서는 을지문덕 장군이 기다리고 있다.
을지문덕 장군은 살수에서 수나라군을
한 방에 쓸어버릴 작전을 짰다고 한다.

거기 서라, 수나라 군사들아!

채팅하기

고구려힘내라
헉, 살수 대첩이 지금 시작되나 봐.
가슴이 두근두근, 기대된다.

역사가좋아
여러분, 저분이 바로 철갑으로 무장한
철갑 기병대 장군입니다.

고구려기운이솟아나요
대박! 철갑 기병 무사들을 직접 보다니!

역사가좋아
최첨단 철기 기술로 무장한 철갑 기병대가
바로 고구려군의 핵심입니다. 고구려는 고조선과
부여의 빛나는 철기 기술을 이어받았죠.

고구려국방철기연구소직원
저기 말과 철갑 기병대가 입은 갑옷 보임매?
그거이 우리 철기 연구소에서 만들었디.
철이 어마어마 들어갔지비. 말 갑옷 40킬로그램,
기병 갑옷 20킬로그램, 장비 10킬로그램.
다 해서 70킬로그램이 넘는 철이 들어감매.

고구려힘내라
아, 을지문덕 장군도 나오나요?
살수에 가면 을지문덕 장군 볼 수 있나요?
정말 기대돼요!

역사가좋아
기병 하면, 고구려를 따라올 나라가 없었죠.
말타기 선수들이에요.

특별 살수 대첩 생방송

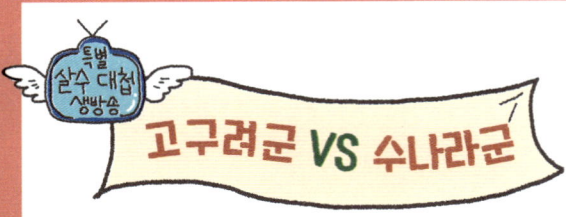

고구려군 VS 수나라군

살수에는 우리 고구려군이 단단하게 진을 치고 있다.
고구려 군대는 기병과 보병으로 이루어졌어.
앞에는 창을 든 창수와 활을 든 궁수 등 보병이,
뒤에는 철갑 기병대와 다른 기병들이 버티고 있지.
군사들의 수는 보병이 더 많지만
전투에서 가장 중요한 역할은 기병대의 몫!
수나라군을 몰고 가는
우리도 이제 곧 살수에 도착한다.

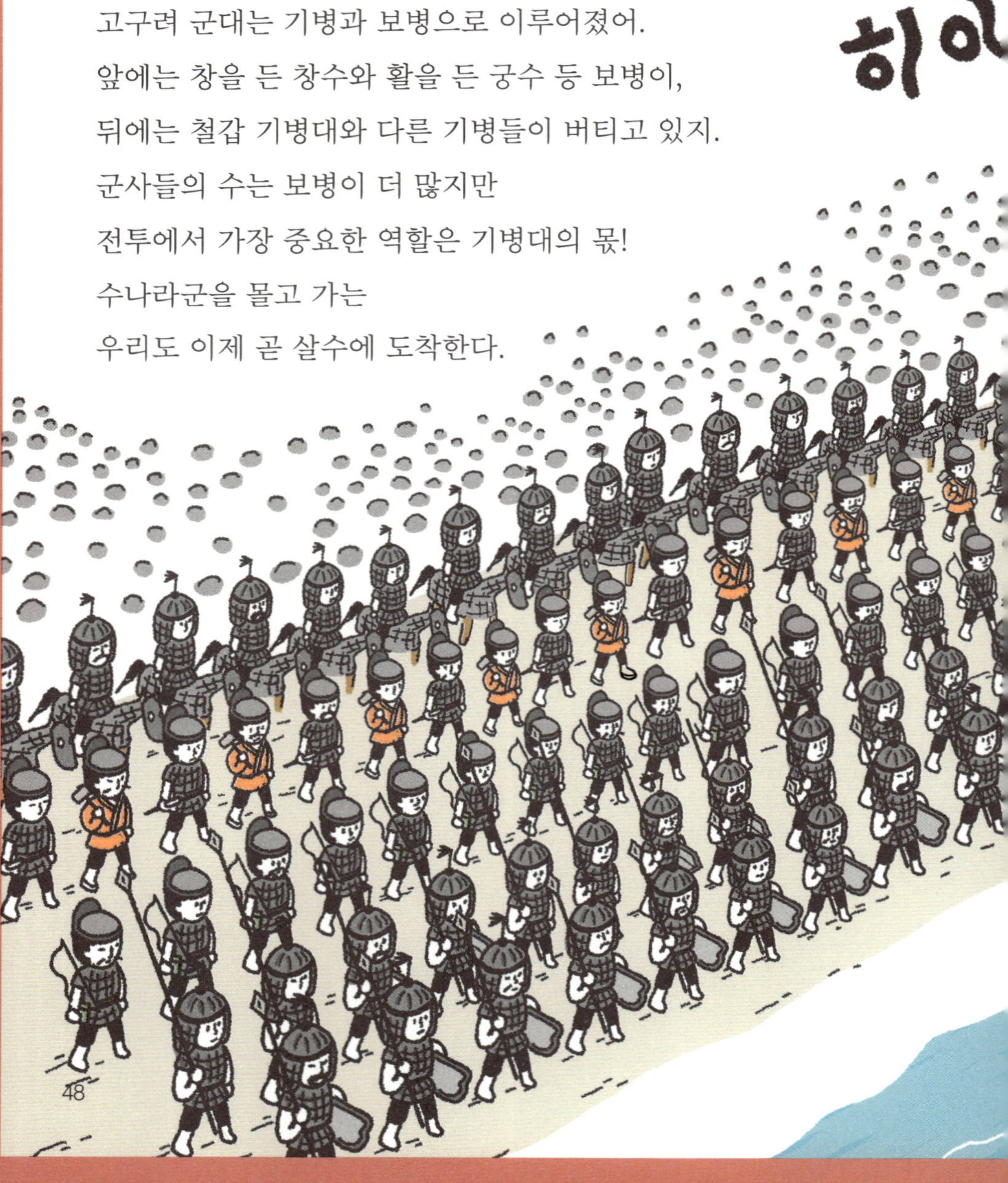

채팅하기

고구려힘내라
우아, 막강한 고구려의 군사력이다!

역사가좋아
질서 정연하게 선 고구려군!
전투는 고구려에게 유리하다!

수나라사람
오! 필승 수나라! 대제국 수나라의 매운맛을
보여 줘라해!

역사가좋아
곧 수나라 군대가 온다는!

수나라짱이야
수나라 장군 조심하라해!
살수에서 고구려군이 기다린댜해!
고구려군 얕보지 마라해!

고구려국방철기연구소직원
저기 도끼를 어깨에 메고 있는 보병이 보임둥?
도끼도 훌륭한 무기지비!

역사가좋아
활이야말로 고구려의 훌륭한 무기 아닙니까?
고구려는 고주몽의 후손들,
그러니까 모두 활쏘기의 달인!

수나라사람
우리 수나라에도 활쏘기 달인 많다해!

고구려힘내라
을지문덕 장군, 있기 없기?

특별 살수 대첩 생방송

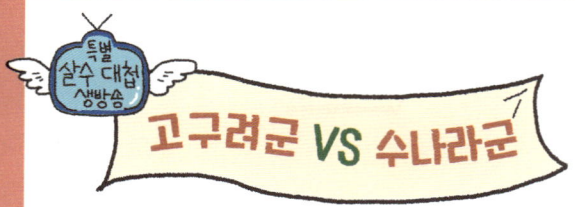

고구려군 VS 수나라군

수나라군이 살수에 도착했다.

"총공격하라!"

공격에도 순서가 있다.

먼저 우리 철갑 기병대가 적진에 들어가
줄지어 늘어선 수나라군을 흩어트린다.

그러면 적진 속으로 활을 쏘는 궁수들이 들어가
우리 편을 엄호한다.

또한 방패와 창을 든 창수가 동시에 적을 공격한다.

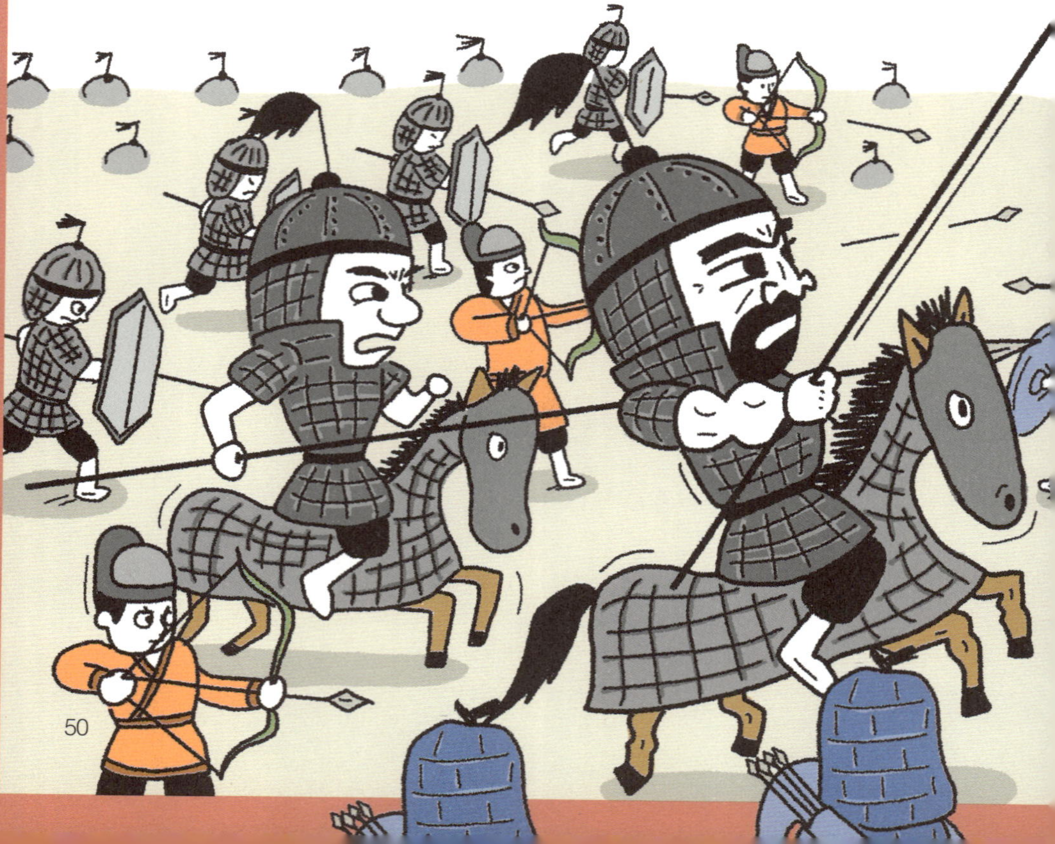

채팅하기

 역사가좋아
고구려 철갑 기병대가 적진을 뚫고 들어가는 한편, 궁수들이 화살을 쏘며 철갑 기병 무사들을 엄호하고 있습니다.

 수나라승리
화살 비가 쏟아진다해. 얼른 도망쳐라해.

 고구려기운이솟아나요
드디어 철갑 기병대가 적진을 돌파해서 깊숙이 들어갔다! 탱크가 따로 없다!

 고구려국방철기연구소직원
고구려 철갑 기병대는 투구와 목 가리개까지 다 갖추었디. 대단하디 안칸! 철갑 기병 무사가 들고 있는 저 창은 5미터가 넘디.

 역사가좋아
고구려 창수와 궁수도 최강이군요. 고구려 활 득템하고 싶어요!

 고구려힘내라
아, 고구려 궁수들도 참으로 용맹해요!

 수나라승리
수나라, 힘내라해! 수나라, 강하다해! 수나라 짱이다해!

고구려군 VS 수나라군

갑작스러운 공격에 당황한 수나라군!
이 틈을 타서 수나라 군사들을 살수로 재빠르게 몰아라!
이게 바로 을지문덕 장군의 전략!
살수에서 고구려군이 기다리고 있을 줄은 꿈에도 몰랐지?
용맹한 고구려군에 겁먹은 수나라군이
죽을힘을 다해 살수를 건너려 한다.
하지만 살수가 만만한 강이 아니야.
강물이 깊은 곳이 많다.
작전 성공!
수나라군이 살수에 빠져 허우적허우적!

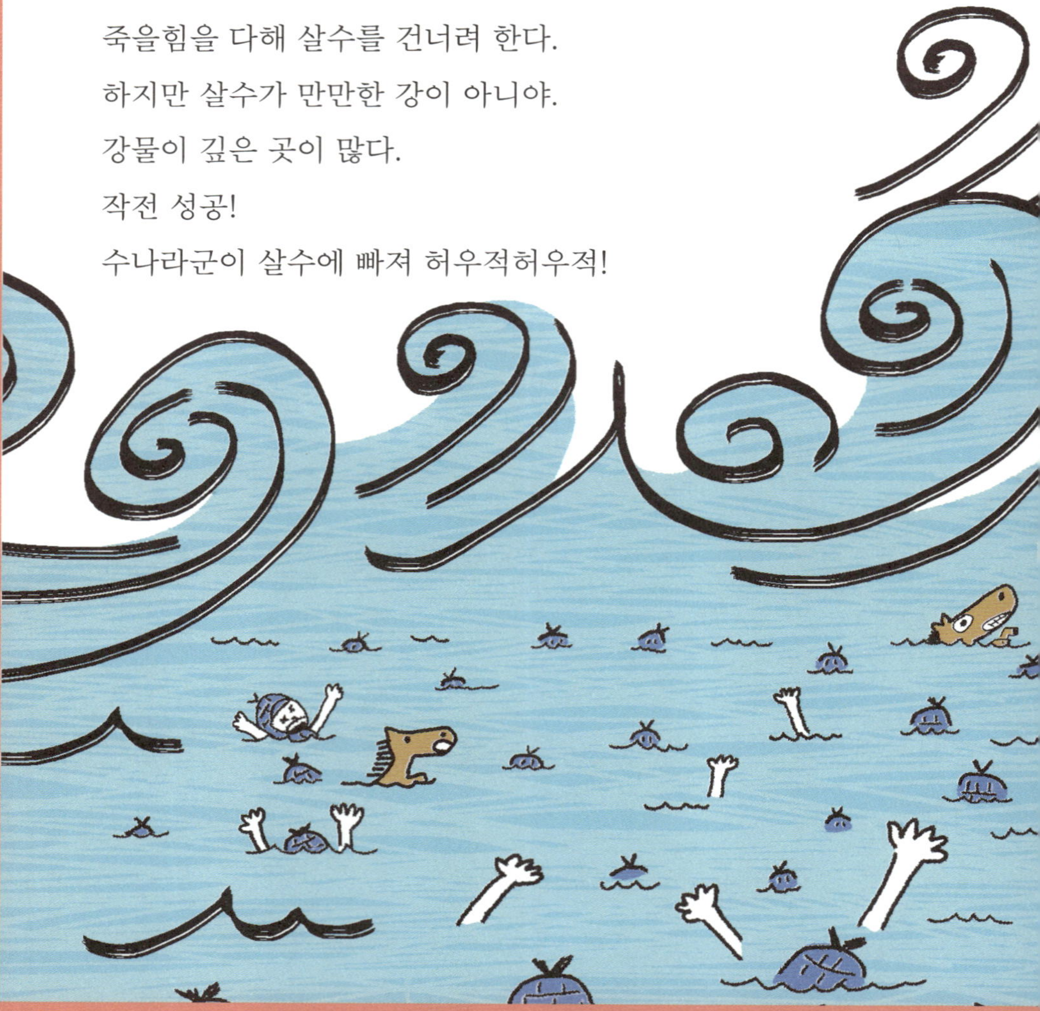

채팅하기

지나가던사람
저기 수나라군들 좀 봐. 한놈 두시기 석삼 너구리 오징어 육개장 칠면조 팔보채 구들 장땡!

꽃보다수나라
수나라 졌다해. 분하다해. 고구려군 무섭다해.

불가능이란없다나폴레옹
작전의 귀재 고구려군! 천재다.

몽고사람칭기즈칸
고구려군 전투력 비밀은 우리처럼 말을 잘 타는 거다.

지나가던사람
고구려 철갑 기병대랑 유럽 최강 로마 철기 군대랑 싸우면 누가 이길까?

고구려국방철기연구소직원
당연히 고구려 철갑 기병대디!

로마군인카이사르
감히 로마군을 이긴다고?

고구려국방철기연구소직원
그렇디요! 로마군이 유럽 최강이라면 우리 고구려군은 동북아시아 최강이야요!

로마군인카이사르
하하하! 인정, 인정! 살수 대첩을 보니 고구려를 인정 안 할 수 없군요. 우리 누가 센지 맞짱 한번 뜰까요?

고구려군 VS 수나라군

드디어 승리다!
하지만 우리 철갑 기병대 임무는 아직 끝나지 않았다.
전투의 시작도, 전투의 끝도 우리가 맡거든.
나는 지금부터 기병대를 이끌고
도망치는 수나라 군사들을 쫓기 위해 살수를 떠난다.
단 한 명도 살려서 돌려보내지 않으리라!
이게 바로 을지문덕 장군의 뜻이자,
우리의 뜻이다.

채팅하기

역사가좋아
방금 고구려신문에 속보 떴어요. 살수 대첩 대승! 30만 수나라군 중 2,700명 살아남아 도망가다! 고구려 만세!

고구려22대후손
수 양제야! 다시는 고구려 땅 작다고 무시하지 마라!

다함께애국가
고구려 기병대가 철갑을 두른 듯! 바람서리 불변함은 우리 기상일세!

당나라소년세민
아니야! 아직 끝나지 않았어! 스 양제는 중국 최악의 왕이었다. 기다려라, 진짜 중국의 힘을 보여 줄 테니까.

고구려소년만춘
당나라소년세민, 너 혹시 당나라 황제? 당 태종 이세민?

당나라소년세민
고구려소년만춘, 너는 안시성 성주 양만춘?

역사가좋아
헉, 양만춘과 이세민, 이세민고- 양만춘. 미래 안시성 성주 양만춘과 미래 당 태종 이세민이 여기서 만나다니! 이 두 영웅은 33년 후 고구려에서 맞붙지요. 과연 누가 이길까요? 기대하시라! 역사는 흐른다.
참, 곧 수나라 망해요. 밑줄 쫙!

**살수 대첩 생방송을 마칩니다.
시청해 주셔서 감사합니다.**

2 끝까지 버텨라!

매달리기, 멀리뛰기, 활쏘기,
윗몸 일으키기 등등.
체력은 국력!
나, 안시성 성주 양만춘은
　　매달리기 도전 중.
끝까지 버텨라,
　끈기와 뚝심이야말로
진정한 고구려의 힘이다!

안시성에 온 것을 환영한다.
끝까지 버티는 건 고구려에서 나를 따라올 자가 없어.
물론 버티기 기록 말고 다른 자랑거리도 있긴 해.
가장 인기 있는 성주,
닮고 싶은 고구려 장군,
의리 지킨 최고의 장군.

그뿐만 아니라 우리 안시성도 유명해.
가장 튼튼한 고구려 산성,
가장 추운 겨울 산성으로 뽑혔어.

하지만 무엇보다 자랑스러운 건
백성들과 군사들의 찰떡협동상이야.
안시성은 최전방, 군사적으로 아주 중요한 곳.
백성들과 군사들이 똘똘 뭉쳐
침략자를 막아 내야만 했어.

을지문덕 장군으로부터 수나라가 망했다는 소식은 들었지?
수나라에 이어 들어선 당나라도 고구려를 칠 기회만 노렸어.
그러다 고구려가 수나라와 싸워 이긴 기념으로 세운 탑을
당나라가 헐어 버린 사건이 생긴 거야.

연개소문 장군은 괘씸한 당나라를 치자고 했어.
하지만 영류왕은 당나라와 사이좋게 지내길 원했어.

그대로 물러날 연개소문 장군이 아니었어.
"고구려의 왕이 자존심도 없이 당나라 눈치를 살피다니!"
연개소문 장군은 군사를 일으켜
영류왕을 죽이고 새로 보장왕을 세웠어.
고구려를 칠 기회만 노리던
당나라 황제 태종이 이 일로 꼬투리를 잡았지.

마침내 당나라와 전쟁이 시작되었어.
당 태종이 연개소문을 처벌한다는 구실로
수십만 대군을 이끌고 고구려로 쳐들어온 거야.
"랴오허강을 건넌 당나라군이 개모성을 함락했습니다."
"건안성도 무너졌습니다!"
"요동의 끝 비사성도 당나라군 손아귀에 들어갔습니다!"
나날이 들려오는 고구려 패전 소식에
나는 며칠 밤을 뜬눈으로 지냈어.
그런데 이게 끝이 아니었어!
당 태종이 요동성까지 공격했지 뭐야.

그 결과 수나라 113만 대군도 어쩌지 못한
우리 요동성을 당나라에 빼앗기고 말았어.
아무리 요동성이 튼튼하다지만 매일매일 포차로
돌덩이를 날려 대니 어쩔 수 없었겠지.
더구나 바람마저 요동성 쪽으로 불었는데
그 틈을 타서 당나라군은 불화살을 쏘아 댔단다.
요동성이 불바다가 되어 무너지고 만 거야.

요동성이 함락되었으니, 다음은 우리 안시성 차례!
만일 나, 양만춘이 지키고 있는 안시성마저 무너지면
당나라군은 압록강을 건너서 고구려의 수도,
평양성까지 거침없이 몰려갈 게 뻔했지.

당나라군이 안시성을 친다는 소식에 연개소문 장군이
15만 명의 군사를 보내 막아 보려 했지만,
고구려군은 무참히 패하고 말았어.
이제 더는 도와줄 군대도 없고,
오로지 우리 힘으로 당나라군에 맞서 안시성을 지켜야만 했지!
막강한 당나라군과 맞서서 어떻게 안시성을 지킬까?
'고구려의 운명이 우리 안시성에 달렸다!'
나는 고민하고 또 고민해서 전략을 세웠어.
나의 필승 전략은 바로 버티기 작전!
으하하, 끝까지 버티기라면 나, 양만춘 아닌가.
우리 안시성 백성들과 군사들도 자신 있지.

버티기라면 자신 있다!

막강한 당나라군에 맞서 끝까지 버티려면,
적군이 몰려오기 전 허술한 데가 없는지
안시성 안팎을 빈틈없이 손본다!
부서진 곳이 없는지, 구멍 난 곳이 없는지, 성벽을 점검한다!
우리 안시성은 성벽을 진흙으로 쌓았어.
돌로 쌓았다면 포차가 날려 대는 돌덩이에
쉽게 무너지겠지만,
진흙으로 쌓은 안시성 성벽은 끄떡없었어.
적군의 불화살 공격에 성이 불타지 않도록 준비한다!
요동성이 당나라군의 불화살 공격에 불바다가 되었다니,
성안의 나무를 모두 베어서 진흙을 바르면 불이 붙지 않겠지.

아뿔싸! 저길 막아야 해!

다가올 추위에 대비해서 온돌바닥이 따스한지 살펴보고,
우물에는 신선한 물이 가득 차 있나 확인한다!

식량 창고의 문을 열어 군사들과 백성들이
먹을 음식이 충분한지도 살펴보고.
오래 버텨야 하니까!

왜냐면 손이 꽁꽁꽁 발이 꽝꽝꽝!
가을바람만 불기 시작해도
우리 고구려는 혹독하게 추운 얼음 왕국.
찬 바람이 불어올 때까지 안시성을 지킨다면
승리는 우리 고구려의 것!

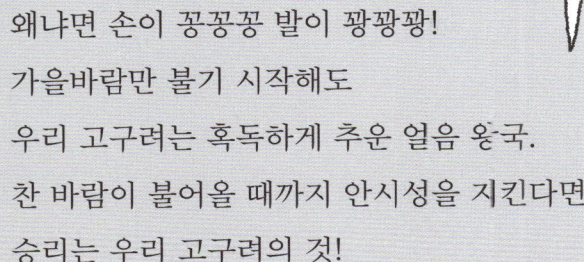

안시성의 백성들과 군사들은
성을 지키기 위한 준비를 모두 마쳤어.
안시성 성벽에 촘촘히 붙어 서 있는
우리 고구려 군사들에게서
장엄한 기운이 흘렀지.
물론 성안 곳곳에서 싸움을 준비하는
백성들에게도 말이야.

전쟁의 시작을 알리는 북이 울렸어!
마침내 당나라군이 안시성 앞에 도착했어.
나는 성루에 올라가 싸움을 총지휘했어.
안시성 군사들과 백성들은 두려워하지 않고
자기 자리를 지켰어.
절대 물러서지 않았지.

안시성 사람들은 당 태종 깃발이 보일 때마다
북소리에 맞춰 외쳤어.
"우리는 똘똘 뭉쳐 안시성을 지킨다!
목숨이 아깝거든 당장 물러가라!"
우리의 외침을 들은 당 태종은 약이 바짝 올랐어.
"코딱지만 한 안시성이 겁대가리가 없구나!
너희 안시성 사람들, 내가 들어가기만 하면 죄다 죽인다!"
다다다다!
당나라 군대가 안시성을 포위하더니,
막강한 무기로 공격을 시작했지.
"오늘 저녁밥은 안시성에 들어가서 먹도록 하자!"

당나라군은 충차로 성문을 부수고,
포차로 성벽을 무너뜨리려고 했어.

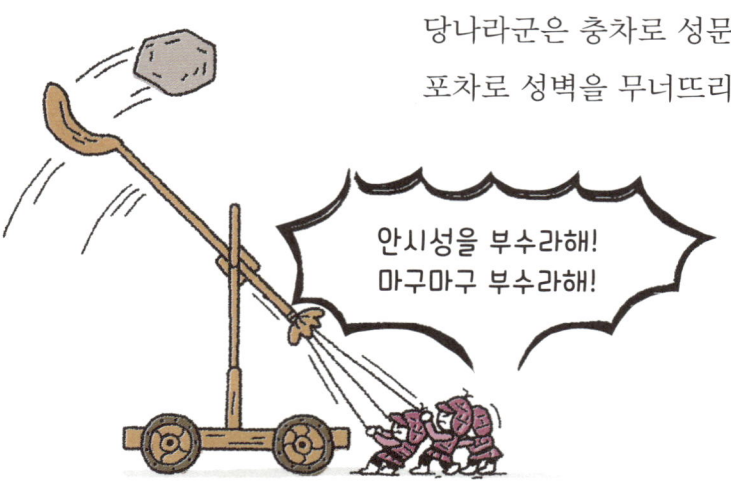

하지만 어림없다!
성벽이 부서지면 안시성 백성들이
재빨리 부서진 성벽을 힘을 합쳐 다시 고치고!
백성들과 군사들이 착착 움직였지.

"당나라군이 올라온다!"
당나라 군사들이
구름사다리 운제를 성벽에 대고
기어오르기 시작했어.
당나라군을 향해 군사들은
화살을 쏘아 대고,
백성들은 돌덩이를 날라 쏟아부었지.
당나라 군사가 성벽을 타고
오르지 못하게 막았어.
모두 죽기 아니면
까무러치기로 싸웠어.
어차피 죽을 거라면 끝까지
싸우다 명예롭게 죽겠다는
심정으로 말이야.

안시성은 당나라군에 맞서
외로이 싸워야 했어.
우리를 도와주러 올 군사도 없었고,
식량 보급도 끊겼어.
군사들의 수나 가진 무기를 생각하면
당연히 당나라군이 이길 전투였어.

하지만 당 태종이 이끄는 막강한 당나라군은
우리 안시성 문을 결코 열지 못했어.
그 힘이 무엇이었냐고?
그건 바로 굳건한 의지!
고구려를 지키겠다는 마음이었지.

몇 날 며칠 공격에도 우리 안시성은 무너지지 않았어.
하루에 예닐곱 번씩이나 공격해도 말이야.
그러자 당 태종이 이번에는
상상도 못 할 일을 벌이더구나!
그건 바로 흙산 쌓기!
60여 일 동안 흙으로 산을 쌓더니
안시성의 성벽보다 높게 쌓았어.

하하하!
안시성 백성들과 군사들이 그 정도에 겁먹을 리 없지.
흙산에서 당나라군의 공격이 시작되면
기다렸다는 듯이 맞설 터!

죽음을 각오한 외침이 하늘에 닿은 것일까?
당나라군이 안시성을 내려다보며 공격하려고 쌓은 흙산이
갑자기 무너져 버렸지 뭐야.

우리 군사들은 때를 놓치지 않고 재빨리 달려 나갔어.
그러고는 허둥대는 당나라군을 몰아내고
흙산을 차지했어.
"적들이 오지 못하도록 불을 놓고 방패를 둘러쳐라!"
당나라군은 이러지도 저러지도 못하고
나날이 힘이 빠졌지.
됐다, 됐어!
이제 곧 안시성을 도울 부대가 올 거고,
그럼 우리는 승리의 깃발을 휘날릴 거야.
흙산을 차지하고 나는 그 부대가 오기만을 기다렸어.
그것은 바로 찬 바람 부대!
이곳의 찬 바람은 가을부터 살을 에지.
하지만 안시성 안에 있다면 걱정 뚝!

휘이이이잉!
드디어 고구려에 차디찬 바람이 불어왔어.
어쩔 수 없겠지! 당 태종도 물러날 수밖에.
당 태종은 고구려에 쳐들어온 걸
땅을 치고 후회했지만 이미 늦었어!
추위뿐 아니라 먹을 것도 떨어지고
당나라 군사들의 사기는 꺾여 있었어.

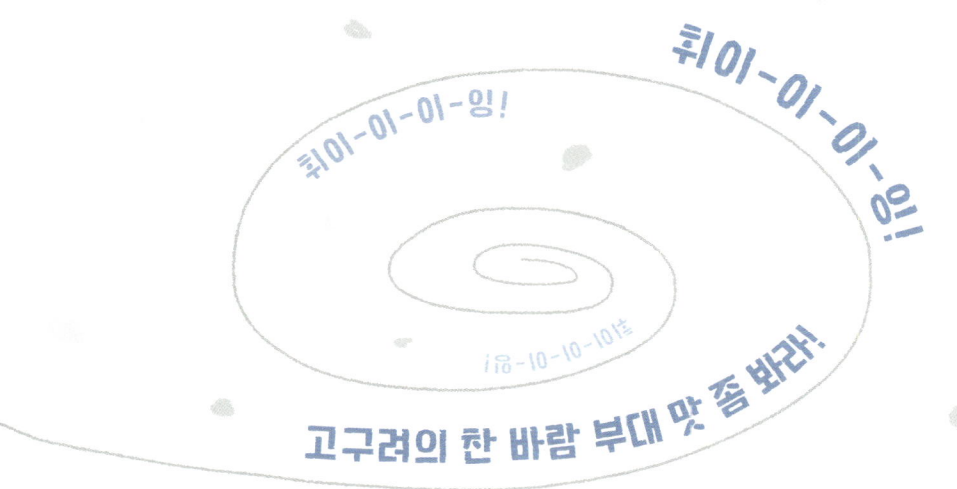

당 태종은 고구려에 진 일이 어찌나 괴로웠던지,
죽을 때 다시는 고구려를 치지 말라고 했단다.
고구려가 그렇게 호락호락한 나라가 아니야.
고구려의 위대한 장군들만큼이나
백성들과 군사들도
한마음으로 똘똘 뭉쳐 나라를 지켰거든.
그런데 고구려에는 아직 소개할 장군이 남아 있단다.
당나라에 절대 굽히지 않은
고구려의 자존심, 연개소문 장군!
저 멀리서 연개소문 장군이
나에게 엄지척하는구나.
마지막 고구려의 위대한 장군을 만나러 가 보렴.

3. 절대로 굽히지 마라!

절대로 굽히지 않는 고구려의 자존심이라니,
양만춘 장군도 만만찮소이다!
나와 양만춘 장군뿐 아니라
우리 고구려에는 역사에 빛나는 장군이 많아.
거기에는 다 이유가 있었어.
우리는 광개토 대왕 이후 고구려가 세상의 중심이라
생각할 만큼 고구려에 대한 자부심이 강했어.
그래서 어떤 적 앞에서도 무릎 꿇지 않았지.
위대한 고구려의 장군 나, 연개소문도
감히 우리 고구려를 넘보는 자들은
가만두지 않겠다!

을지문덕 장군 덕분에 수나라가 망하고,
당나라는 호시탐탐 우리 고구려를 칠 기회를 노렸지만 쉽지 않았어.
내가 두 눈 부릅뜨고 고구려를 지키니 그럴 수밖에.
당나라 사람들은 나를 굉장히 무서워했어.
내가 얼마나 무서웠는지 중국에서는
나를 주인공으로 한 경극도 있었으니까.
물론 나는 그 경극에서 무시무시하게 나와.
어때? 내가 좀 무서워 보이지 않니?

1. 수염이 길고 몸집이 컸다.

몸집이 크긴 했지. 내 사이즈는 XXXL, 바짓단을 줄여 본 적 없는 황금 비율!

2. 칼을 다섯 자루나 차고 다녔다.

고구려 남자는 사냥용 칼과 전투용 칼을 항상 차고 다녔어. 나만 그런 게 아니야. 칼은 고구려 남자의 필수품!

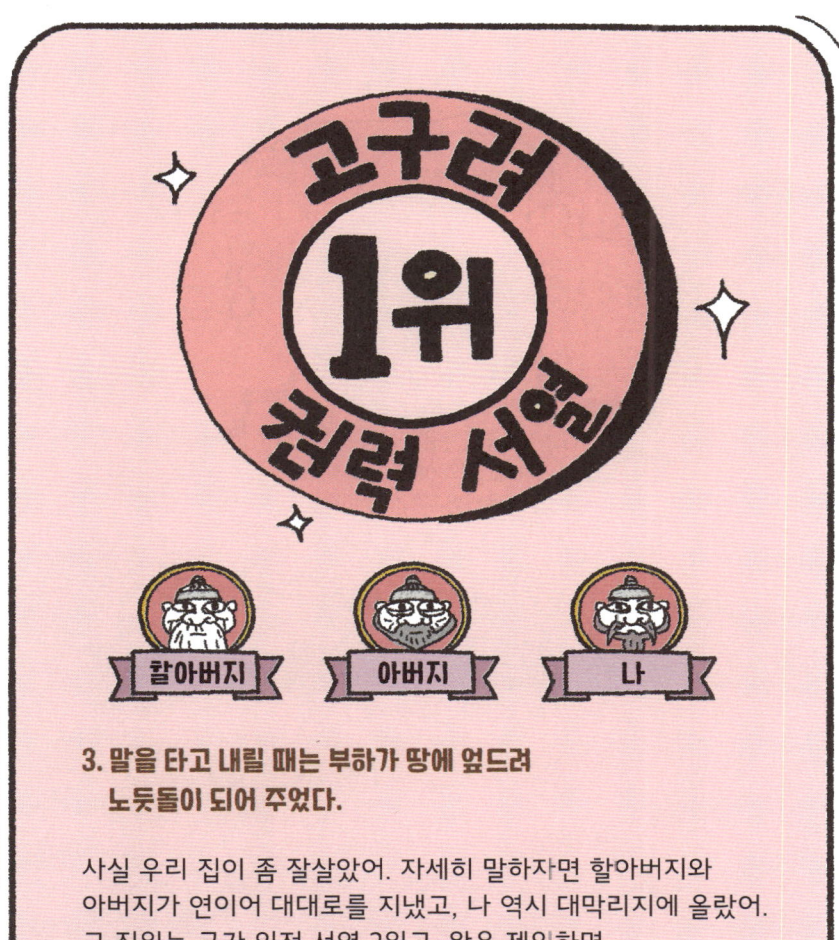

3. 말을 타고 내릴 때는 부하가 땅에 엎드려 노둣돌이 되어 주었다.

사실 우리 집이 좀 잘살았어. 자세히 말하자면 할아버지와 아버지가 연이어 대대로를 지냈고, 나 역시 대막리지에 올랐어. 그 직위는 국가 의전 서열 2위고, 왕을 제외하면 고구려 권력 서열 1위!

어릴 때는 철없이 내가 누리는 특권을 당연하다 여겼어.
하지만 비겁하게 특권만 날름 받아먹진 않았어.
나는 평생 목숨 걸고 당나라와 맞서 싸웠지!

양만춘 장군에게 들어서 알고 있을
테지만, 내가 좀 더 말해 줄게.
간이 배 밖으로
나온 당 태종 말이야.
당 태종은 형제들을 죽이고
아버지를 협박해서
왕위에 오른 자야.
당 태종이 주변 나라들을
하나둘 정복해 가니까,
나는 정신을 바짝 차리고 경계했지.
하지만 영류왕은 당 태종 앞에서
설설 기기만 했어.
우리 고구려가 수나라와 싸워서
이긴 기념으로 쌓은 탑을
헐어 버렸는데도 말이야.

당나라가 고구려를 얕잡아 보고 이런 일을 벌였는데
영류왕은 그냥 넘어갔어.
나는 당나라에 책임을 물어야 한다고 강하게 나갔지만
영류왕은 당나라의 공격에 미리 대비하자는 말만 남겼어.
당나라와 평화로운 관계를 깨고 싶지 않다고 했지.

부여성에서 비사성까지

얼마 뒤, 영류왕이 명령했어.
"연개소문 장군을
천리장성 공사 책임자로 임명하노라!"
영류왕과 그를 따르는 귀족들이
눈엣가시인 나를 멀리 보내려고 그런 거야.
하지만 상관없었어.
나에겐 천리장성을 튼튼하게 쌓아
적을 막아 내는 일도 중요했거든.
우리 고구려는 그 어떤 나라에도 허리를 굽히지 않아.
그러려면 더욱 강해져야만 했지.

16년 동안 쌓은 천리장성!

"백성들이여! 그대들이 전쟁으로 지친 것을 잘 알고 있다.
하지만 당나라가 언제 쳐들어올지 모르니
튼튼하게 성을 쌓아야 한다.
고구려 군사들의 힘은 하늘 아래 최강이다.
나는 그대들과 목숨 바쳐 고구려 땅을 지키겠다."
내 의지가 굳건하니까
나를 따르는 백성들도 늘어났지.

그렇게 하나가 되어 천리장성을 쌓았는데
무려 16년이나 걸렸어.
돌 하나하나마다 나와 백성들의 땀이 고스란히 스몄어.

역시!
영류왕과 그를 따르는 귀족들은 꿍꿍이가 있었어.
나를 천리장성 공사 책임자로 보내 놓고는
제거할 음모를 꾸미고 있었던 거야.
그렇게 당할 수만은 없었지.
내가 먼저 그들을 없애기로 했어.
나는 크게 잔치를 열고 그들을 모두 초대했어.
화려한 잔치가 벌어지니 영류왕과 귀족들은 모여서
술을 마시며 잔치를 즐겼어.
그들이 거나히 취했을 때,
내 부하들이 뛰어나와 그들을 모두 없앴지.

그러고는 새로 왕을 세웠는데,
그가 바로 보장왕이야.
"신하가 왕을 죽이다니!"
그 일로 귀족들의 반발이 심했지만
문제가 되지 않았어.
나는 고구려의 최고 권력을 움켜쥐었어.

나는 권력 서열 1위 대막리지!
나, 연개소문이 이제 고구려 최고 권력자다!
내가 앞장서 고구려를 굳건히 지키겠다!

보장왕

그런데 당 태종이 이 일을 꼬투리 잡았지 뭐야.
당 태종은 내가 왕을 죽였다는 것을 핑계로
수십만 대군을 이끌고 고구려로 쳐들어왔어.
허, 참, 기가 막혀서!
자기는 형과 동생을 죽이고
아버지까지 협박해서 왕이 되어 놓고선.
"어디 올 테면 와 봐라!
무서운 고구려의 맛을 보여 주마!"
하지만 당나라는 무척 강했어.
처음에는 고구려가 밀렸지.

알다시피 다행히 우리 고구려에는 위대한 장군,
양만춘이 있었어.
그 유명한 안시성 전투를 총지휘한 장군!

당나라와의 첫 전쟁에서는 안시성의 양만춘 장군과 군사들
그리고 백성들 덕분에 고구려가 승리했어.
"봐라! 우리 고구려는 할 수 있다니까!"
나, 연개소문이 그토록 외쳤던
최강 고구려의 모습이 밝혀진 거지.
고구려에 쳐들어왔다가 당 태종이 호되게 당했잖아.
그래서 고구려를 다시는 침략하지 말라고 유언했는데,
당 태종을 이어 새로 왕이 된
아들 당 고종은 욕심을 버리지 않았단다.
그때 마침 신라가 손을 내밀어 당나라와 한편이 되었어.

또다시 전쟁의 기운이 흘렀어.
나는 고구려 국경 근처 요동의 성들을
더욱 튼튼히 지키게 하고,
언제 일어날지 모를 전쟁을 미리 준비했어.

"큰일 났습니다! 백제가 망했답니다!"
나쁜 소식이 전해졌어.

신라와 손잡은 당나라가 백제를 무너뜨리더니
우리 고구려까지 쳐들어왔어.
수나라에 이어 당나라와의 안시성 전투까지 이긴 고구려.
하지만 이번에는 달랐어.
신라와 당나라가 손을 잡으니
고구려는 매우 불리해졌어.

절대로 굽히지 않는 고구려의 자존심 나, 연개소문!
아무리 불리한 전쟁이라도 포기란 없다!
하늘도 내 편.
때마침 고구려에 유리한 일이 벌어졌어.

당나라의 지배를 받던 민족인 철륵이 반란을 일으킨 거야.

고구려를 치려고 와 있던 당나라군 일부가 철륵의 반란을 진압하려고 당나라로 돌아갔단다.

고구려에 남은
당나라군의 힘이
약해지고…….

잘됐다!
나는 이 기회를 놓치지 않았어.
이제 고구려에 남은 당나라군을
쓸어버릴 차례!
이번에는 내가 직접 나서서 싸움을 총지휘했어.
이것이 바로 사수 전투!

고구려 군사는 평양성 근처
사수 강가에서 당나라 군사들을 포위했어.
전투가 시작되고 용맹한 나의 고구려 군사들은
당나라군을 전멸시켰단다.
그때 적장 방효태와 그의 아들 13명도 모두 전사했어.
또다시 고구려는 당나라에 완승!
내가 이끈 사수 전투는
을지문덕 장군의 살수 대첩,
양만춘 장군의 안시성 전투와 함께
고구려의 3대 대첩.

그리고 세월이 흘렀어.
평생 전쟁터를 누비던 나에게도 죽음이 찾아왔어.
나는 마지막 순간까지 오로지 고구려를
지켜야 한다는 생각뿐이었어.
나는 내 뒤를 이어 고구려를 지켜야 할 세 아들에게
고구려를 위해 힘을 합치라고 유언을 남겼단다.

"너희 형제들은 싸우지 말고
물고기와 물처럼 서로 돕고 지내거라.
높은 자리를 차지하기 위해 다투면
반드시 웃음거리가 될 것이다."

내가 죽기 전에 그리 간곡히 유언했건만
나의 세 아들은 서로 최고의 권력을 쥐겠다고 다투고 말았어.
원통하게도 고구려는 분열되었고 힘이 약해졌어.
이 틈을 타서 당나라는 득달같이 고구려로 쳐들어왔지.
우리 고구려는 평양성에서 끝까지 버텼지만…….

수나라에 이어 당나라까지 물리쳤던
막강한 고구려는 역사 속으로 사라지고 말았어.

하지만 굳건한 고구려 정신은 사라지지 않았어!
기억하렴,
고구려는 그 어떤 적을 만나도 굽히지 않았어.
고구려의 참모습이 궁금하다면 벽화를 보려무나.
벽화에는 고구려의 정신이 그대로 새겨져 있단다.
백두산 너머 드넓은 대륙까지 거침없이 말달리던
고구려 사람들의 용맹한 기개가
후손들에게 전해졌을 거라 믿는다.
너희들은 위대한 장군의 나라,
고구려의 후손이다!

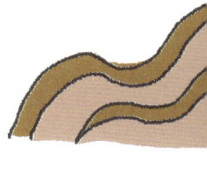

재미만만 한국사 고구려 **역사는 흐른다**

나제 동맹 맺음.
(~553년)
433년

고구려, 한강 유역 전체 차지함.
475년

영양왕, 수 요서 공격.
598년

당 태종, 2차 침입.
647년

당 태종, 1차 침입.
안시성 전투 승리.
645년

나당 연합군 결성.
648년

백제 멸망.
660년

연개소문 죽음.
고구려를 지켜 다오!
665년

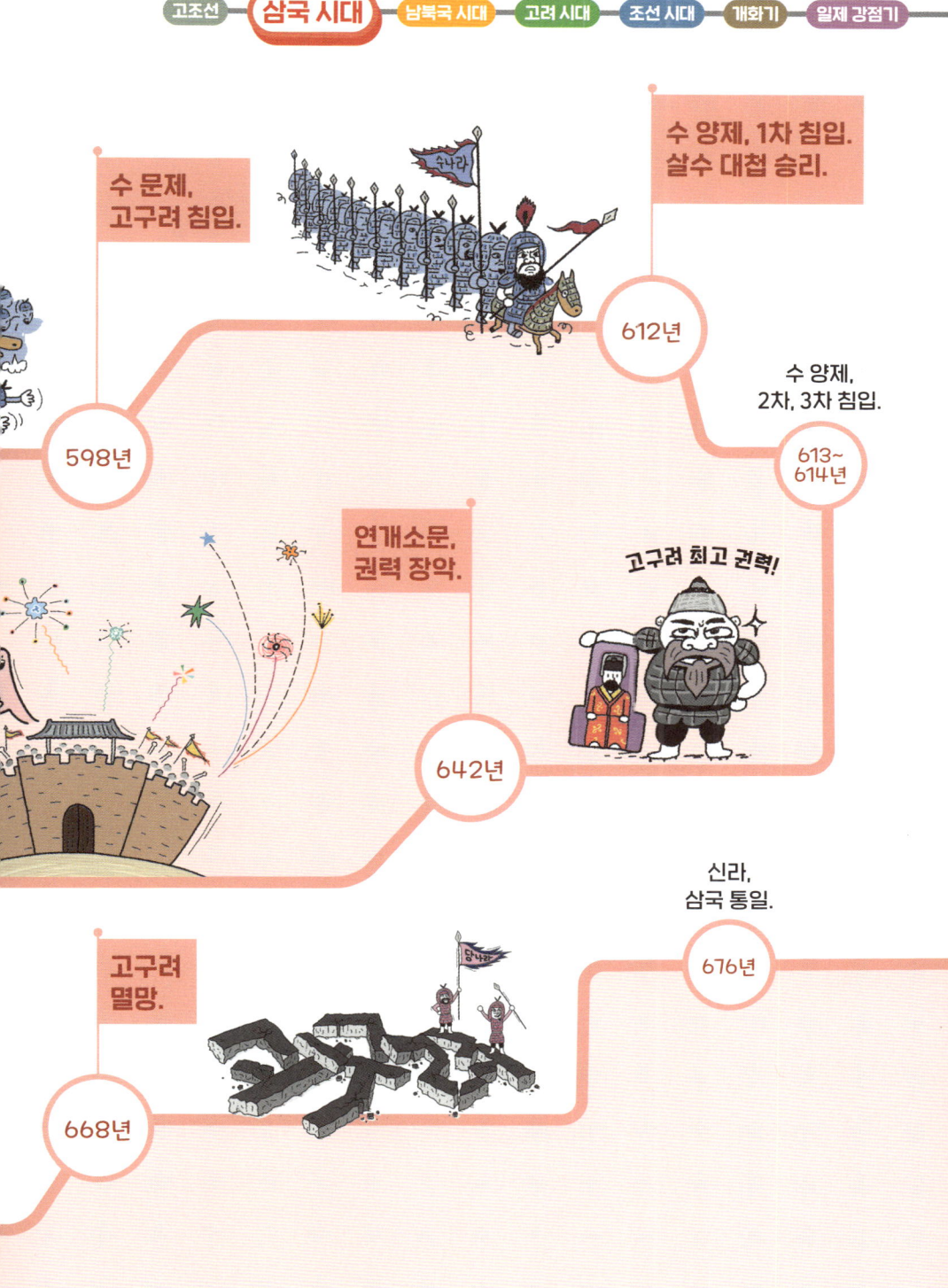

글 송아주

충남 천안에서 태어나 서울 강동구에서 신나게 뛰어놀며 자랐어요. 자라서 꿈에 그리던 동화 작가가 되었는데요. 오늘도 알차고 재미있는 이야기를 쓰고 싶어서 빨빨거리고 있답니다. 쓴 책으로는 『로봇 반장』, 『행복하게 나란히』, 『반창고 우정』, 『스마트폰 말고 스케이트보드』 등이 있습니다.

그림 신병근

디자인을 하면서 그림을 그리기 시작했고, 그림을 그리면서 디자인을 계속하고 있습니다. 그림을 그리고 디자인한 책으로는 『기본소득 좀 아는 10대』, 『1등에게 박수 치는 게 왜 놀랄 일일까?』, 『울고 화내고 떵떼려라』, 『나는 내 편이니까』, 『멍 서방과 똑 서방』 등이 있습니다.

감수 하일식

연세대학교 사학과를 졸업하고, 같은 학교 대학원에서 고대사를 연구하여 박사 학위를 받았습니다. 현재 연세대학교 사학과 교수로 학생들을 가르치고 있습니다. 쓴 책으로는 『신라 집권 관료제 연구』, 『경주 역사 기행』, 『한국 고대사 산책』(공저), 『고려시대 사람들의 삶과 생각』(공저) 등이 있습니다.